LA
CHERCHEUSE
D'ESPRIT,

OPERA COMIQUE,

De *Monsieur* FAVART.

Représenté pour la premiére fois, en
Février 1741.

*Avec le compliment prononcé à la clôture
du Théatre.*

Le prix est de vingt-quatre sols.

A PARIS,

Chez la Veuve ALLOUEL, au milieu du Quay
de Gêvres, à la Croix Blanche.

M. DCC. XLIII.

Avec Approbation & Privilége du Roi.

ACTEURS.

Madame MADRE', riche Fermiére.

Monfieur SUBTIL, Tabellion.

Monfieur NARQUOIS, Savant.

NICETTE, fille de Madame Madré.

ALAIN, fils de Monfieur Subtil.

L'EVEILLE'.

FINETTE.

Le Théatre repréfente un Village. La Maifon de Madame Madré eft dans le fond.

LA
CHERCHEUSE
D'ESPRIT,

OPERA COMIQUE.

SCENE PREMIERE.

Mr. SUBTIL, Me. MADRE'.

Mr. SUBTIL.

H! Je vous rencontre à propos, ma Commére Madré,
j'allois vous voir.

Me. MADRE'.

Par quel hazard, Monsieur
Subtil ?

Mr. SUBTIL *mystérieusement.*

Je viens vous dire que j'ai dessein de
me remarier.

Me. MADRÉ.

De vous remarier ! C'est fort bian fait.
J'ai envie aussi de me remarier, moi.

Mr. SUBTIL.

Ah ! ah ! Je suis charmé de cette con-
formité. Cela m'encourage à vous faire
ma demande.

Me. MADRÉ.

Vous voulez m'épouser ? Je vous devine.

Mr. SUBTIL.

Pas tout-à-fait.

Me. MADRÉ.

Comment l'entendez-vous donc ?

Mr. SUBTIL.

C'est votre fille que je vous demande en
mariage.

Me. MADRÉ *étonnée.*

Ma fille ! Ma fille Nicette !

Mr. SUBTIL.

Oui, Nicette, votre fille.

Me. MADRÉ.

Vous badinez !

Mr. SUBTIL.

Nanni, ma foi.

AIR

AIR *des Feuillantines.*
Je veux être son époux.

Me. MADRE'.

Entre nous ,
Compére , qu'en feriez - vous ?

Mr. SUBTIL.

Belle demande , Madame.
J'en ferois ..... parbleu , j'en ferois ma femme.

Me. MADRE'.

AIR. *Je ne vous ai vû qu'un seul petit moment.*
El!e votre femme !

Mr. SUBTIL.

Oui , vraiment.

Me. MADRE'.

Hélas !
C'est une chose qui ne se peut pas.

Mr. SUBTIL.

AIR. *Si la jeune Iris a pour moi du mépris.*
Expliquez vous mieux :
Je ne suis pas si vieux.

Me. MADRE'.

Qu'importe ?

Mr. SUBTIL.

Mon amour vous exhorte
A me rendre content.

A 3   Me.

Me. MADRE'.

Nicette est un enfant.

Mr. SUBTIL.

Qu'importe ?

J'en suis enchanté.

AIR. *Tes beaux yeux, ma Nicole.*

Sa taille est ravissante,
Et l'on peut déja voir
Une gorge naissante
Repousser le mouchoir :
Elle a par excellence,
Un tein… des yeux… elle a…
Elle a son innocence
Qui surpasse cela.

Me. MADRE'.

Mais, ignorez-vous que Nicette est la simplicité même ?

Mr. SUBTIL.

Tant-mieux, morbleu !

Me. MADRE'.

Vous auriais là une jolie statuë.

AIR. *Que je suis à plaindre en cette débauche.*

Machinalement elle coud, tricote,
Et jamais ne lâche un mot.

Mr. SUBTIL.

Bon, tant-mieux, tant-mieux.

Me.

Me. MADRÉ.
Mais elle eſt ſi ſote...

Mr. SUBTIL.
Je riſquerai moins d'en être ſot.

Me. MADRÉ.
Comment, un homme d'eſprit comme vous, Procureur & Notaire Royal, qui pis eſt, épouſer une Agnès!

Mr. SUBTIL.
C'eſt pour la rareté du fait.

Me. MADRÉ.
Vous voulez vous diſtinguer.

Mr. SUBTIL.
Ma défunte n'avoit que trop d'eſprit, de par tous les diables!

Me. MADRÉ.
C'eſt ſingulier, que vous autres gens de pratique, ruſés & malins de votre naturel, vous trouviais toûjours des femmes plus ruſées & maleignes que vous.

Mr. SUBTIL.
C'eſt pour éviter ce malheur, que je veux épouſer Nicette. L'heureuſe ſimplicité!

A 4   Me.

Me. MADRE'.

Oui, hom ! Je ne fçai où j'ai pêché cette beftiole.

Mr. SUBTIL.

AIR. *J'offre ici mon fçavoir faire.*

Que diriez-vous donc, ma chére,
Que diriez-vous d'Alain mon fils ?

Me. MADRE'.

Moi je dis qu'Alain vaut fon prix.

Mr. SUBTIL.

Eft - il un plus fot caractére ?

Me. MADRE'.

Moi je dis qu'Alain vaut fon prix.

Mr. SUBTIL.

De moi ce nigaud ne tient guére.

Me. MADRE'.

AIR. *Je voudrois bien me marier.*

De vous il tient peu, je le croi,
Ainfi difoit fa mére.

Mr. SUBTIL.

Je ne fçai qu'en faire, ma foi.

Me. MADRE'.

Si vous vouliez, compére,
Je faurois bian qu'en faire, moi,
Je faurois bian qu'en faire.

Tenez, Monfieur le Tabellion, ce gar-
çon-

çon-là ne vaut rien pour votre étude ;
pardi, mettons-le au labour ; il y a moyen
de s'accommoder : troc pour troc, je vous
donne Nicette , vous me donnerez Alain.

Mr. SUBTIL.

Quoi ! Vous voudriez être la femme
de ce benêt - là ?

Me. MADRE'.

Chacun a ſes petites raiſons , mon compére ; nous ne manquons pas d'eſprit ,
vous & moi.

AIR. *C'eſt fort bien fait à vous.*

Craignez-vous l'artifice
Fatal à maint époux ?
Prenez une novice :
C'eſt fort bian fait à vous :
Mais moi , que je choiſiſſe ,
Pour engager ma foi ,
Un garçon ſans malice ;
C'eſt fort bian fait à moi.

Allons , déterminez - vous.

Mr. SUBTIL.

Parbleu , Nicette mérite bien que je
vous accorde Alain , touchez là.

Me. MADRE'.

C'eſt marché fait.

Mr. SUBTIL.

J'irai tantôt chez vous, dreſſer les articles des Contrats.

Me. MADRE'.

Et nous ferons nos nôces à l'abri de celle de ma Niéce qui épouſe aujourd'hui l'E-
veillé, comme vous le ſçavez.

Mr. SUBTIL.

C'eſt bien dit. J'apperçois Nicette, laiſ-
ſez-moi la preſſentir un peu ſur cette affaire.

Me. MADRE' *à part.*

J'ai peur qu'il ne ſe repente.....!

SCENE II.

NICETTE, Me. MADRE', Mr. SUBTIL.

Me. MADRE' *à Nicette.*

VENEZ ça. Comme ça ſe tient! Le-
vez la tête; ſaluez Monſieur, & répondez ſur ce qu'il vous dira.

(*Nicette ſaluë niaiſement.*)

Mr.

Mr. SUBTIL.

AIR. *Si cela est, hé bien tampis.*

Approchez, mon aimable fille,

(*à part.*)

Ah que je la trouve gentille!

(*à Nicette.*)

Votre douceur
Gagne le cœur.

NICETTE.

Le cœur?

Mr. SUBTIL.

Pour vous, Nicette, je soupire ;
C'est l'effet d'un regard que vous m'avez lancé.

NICETTE.

Lancé !

Mr. SUBTIL.

Soulagez mon martire,
Pour jamais l'amour m'a bleffé.

NICETTE.

Bleffé !

Me. MADRE'.

L'entretien me fait rire.

Mr. SUBTIL.

De ces yeux fi jolis
Tous les coups font partis ;
Je meurs d'amour.

NICETTE.

Hé bien , tampis.

Me. MADRE' *à Mr. Subtil.*

Vous lui parlez Hébreu. (*à Nicette*) Nicette, Monsieur le Tabellion se présente pour être votre mari.

Mr. SUBTIL.

Oui, ma belle enfant.

AIR. *L'Eclat de mon bonheur.*

Je viens de vous choisir
Pour ma petite femme.
Aurez - vous du plaisir
En m'époufant ?

NICETTE.

Oh dame !

Mr. SUBTIL.

Hé bien ?

Me. MADRE'.

Achevez donc.

NICETTE.

Oh dame, ...

Je n'en fai rien.

Me. MADRE'.

Comment ? Eft-ce ainfi qu'on doit répondre ?

NICETTE.

Eh mais . . . . Je ne peux pas favoir ça, moi.

Me.

Me. MADRE'.

Il faut faire une reverence & dire : *Oui, Monfieur*.

Mr. SUBTIL.

Ma chére Nicette, eft-ce que vous auriez de la répugnance pour moi ?

NICETTE *faifant la reverence*.

Oui, Monfieur.

'Me. MADRE'.

La petite impertinente !

NICETTE.

Vous m'avez dit de dire comme ça.

Me. MADRE'.

Oui, d'abord ; mais à préfent il faut dire *non*.

Mr. SUBTIL *à Nicette*.

Je vous demande fi vous me trouvez digne d'être votre mari?

NICETTE.

Non, Monf..... Je dis non, ma mére.

Mr. SUBTIL.

Eh! laiffez-la parler comme elle voudra ; fes réponfes me font voir qu'elle n'entend pas le langage des Amans.

AIR.

AIR. *Ces filles font fi fotes.*

Cela me prouve fon honneur.

(*à Nicette.*)

Oui, vous avez, mon petit cœur,
Des tréfors que j'admire.
De la vertu, de la pudeur.

Me. MADRE'.

Répondez, petite fille.

NICETTE.

Cela vous plaît à dire,
Monfieur,
Cela vous plaît à dire.

Me. MADRE'.

Quels difcours! quel efprit matériel!

Mr. SUBTIL.

AIR. *Adieu voifine:*

Je fçaurai bien le déboucher.
Ah l'aimable innocence!
Rien encore n'a pû l'anticher:
Quel plaifir, quand j'y penfe!
Ah quel plaifir de défricher
Son ignorance!

Me. MADRE'.

AIR. *Dormir eft un tems perdu.*

Son efprit ne fortira
Jamais de fa coffe;
Toûjours bête elle fera
Après comme avant la nôce;
Moi je n'ignorois de rien,
Dès fon âge......

Mr.

Mr. SUBTIL.

On sçait fort bien
Que vous futes précoce.

Vous l'intimidez. (*à Nicette*) Venez ça,
répondez à votre fantaisie. Oui, oui, votre mére le veut bien.

Me. MADRE' *à Nicette*.

Parlez, parlez.

Mr. SUBTIL.

Ecoutez - moi.
AIR. *Ma femme est femme d'honneur.*

Avec vous je veux m'unir.
Je me flate d'obtenir
Votre main, ma chére.

NICETTE.

Ma main ! Pourquoi faire ?

Mr. SUBTIL.

Je vais me marier avec vous.

NICETTE.

Marier !

Mr. SUBTIL.

Oui, je vous cherirai avec tendreffe : il
faut, de son côté, qu'une femme ait beau-
coup d'amitié pour son mari ; m'aimerez-
vous bien ?

NICETTE.

Oui, Monfieur.

Mr.

Mr. SUBTIL.

Elle dit oui, ma commére ! Que je suis content !

AIR. *Ce qui n'est qu'enflure.*

Sur cet aveu plein d'appas,
Mon bonheur se fonde.

NICETTE.

Quoi, Monsieur, ne doit-on pas
Aimer tout le monde,
Aimer tout le monde ?

Mr. SUBTIL.

Ce ne seroit pas là mon compte.

Me. MADRE'.

C'en est trop ! Je perds patience.

Mr. SUBTIL.

Ne la chagrinez pas, elle est telle que je desire.

Me. MADRE'.

Laissez-la donc, pour songer au reste.

(*à Nicette.*)

AIR. *Pourquoi vous en prendre à moi ?*

Allez chercher de l'esprit,
Nigaude, pécore,
Allez chercher de l'esprit.

NICETTE.

Pourquoi me gronder encore ?

Mr. SUBTIL.

Contre elle qui vous aigrit ?

Me.

Me. MADRE'.

Allez chercher de l'esprit,
Nigaude, pécore,
Allez chercher de l'esprit.

NICETTE.

Mais je ne sçai pas où l'on en trouve.

Me. MADRE' *s'en va en hauffant*
les épaules.

-Hom !

Mr. SUBTIL *rit.*

Ah, ah, ah. Sans adieu, belle Nicette....

SCENE III.

NICETTE *feule.*

QUe je suis malheureufe ! Ma mére me
dit tous les jours, Allez chercher de
l'esprit ; & quand je demande où il y en a,
elle hauffe les épaules & fe moque de moi.

AIR. *Quel défespoir.*

Quel defespoir !
D'être fans efprit à mon âge !
Quel de efpoir !
Je pleure du matin au foir.
Il faudra voir
Si l'on en vend dans le Village.
Quel defespoir !
Je pleure du matin au foir.

Ap-

(*Appercevant Mr. Narquois qui se proméne en lisant.*)

Je vois un habile homme,
Que pour l'esprit, on renomme.

SCENE IV.

Mr. NARQUOIS, NICETTE.

NICETTE *continuë en abordant Mr.
Narquois.*

MOnsieur, dites-moi comme
Je dois faire pour m'en pourvoir?

Mr. NARQUOIS.

Il faut sçavoir...

NICETTE.

Daignez, non pas pour grosse somme,
M'en faire avoir,
Si vous en avez le pouvoir.

Mr. NARQUOIS.

Expliquez donc la chose.

NICETTE.

Excusez-moi, si j'ose...

Mr. NARQUOIS.

Expliquez donc la chose.

NICETTE.

C'est...

Mr.

Mr. NARQUOIS.

Elle hésite, elle rougit.

NICETTE.

C'est qu'il s'agit....
C'est que je voudrois une dose....

Mr. NARQUOIS.

De quoi ?

NICETTE.

D'esprit.
Voulez-vous m'en faire crédit ?

Mr. NARQUOIS.

Ah, ah !

NICETTE.

On dit com'ça, Monsieur Narquois, que
vous êtes bien sçavant, & que vous avez été
obligé de quitter Paris parce que vous aviez
trop d'esprit ?

Mr. NARQUOIS.

C'est la vérité, ma fille.

NICETTE.

Je ne puis donc mieux m'adresser pour
en avoir.

Mr. NARQUOIS.

AIR. *Je veux garder ma liberté.*

Cela ne s'acquiert qu'à grands frais.

NI-

NICETTE.

Ah! Monsieur, quel dommage!
Je n'ai pas de grands moyens; mais
En attendant davantage,
Prenez mon anneau.

Mr. NARQUOIS.

Gardez ce Joyau;
Je n'en puis faire usage.

J'agis sans intérêt, mon enfant : mais
de quelle espéce d'esprit voulez-vous ? car
il y en a de plusieurs sortes.

NICETTE.

Dame, je veux du meilleur.

Mr. NARQUOIS.

De cet esprit, chef-d'œuvre de l'art,
brillanté par l'imagination, & rectifié par
le bon sens ?

NICETTE.

Je ne connois pas ces gens-là.

Mr. NARQUOIS.

AIR. *Confiteor.*

On peut définir cet esprit,
Saillie aimable & raisonnée;
Ou, comme un de nos Auteurs dit,
C'est la Raison assaisonnée.
Mon enfant, vous comprenez bien?

NICETTE.

Comme si vous ne disiez rien.

Mr.

Mr. NARQUOIS.

L'efprit que vous me demandez eft une chofe bien rare.

NICETTE.

Comment avez-vous trouvé le vôtre?

Mr. NARQUOIS.

En feuilletant de bons Livres.

NICETTE.

C'eft donc pour feuilleter des livres, que ma mére s'enferme dans le cabinet de Monfieur le Bailli?

Mr. NARQUOIS.

Cela peut être.

NICETTE.

Prêtez- moi celui que vous tenez.

Mr. NARQUOIS.

Pourquoi faire?

NICETTE.

Pour le feuilleter, afin de trouver tout-d'un-coup de l'efprit comme vous.

Mr. NARQUOIS.

Ah,ah! l'efprit ne fe trouve pas fi promptement. Le mien eft le fruit d'une longue étude, j'ai commencé par les Humanités.

NI-

NICETTE.

Je suis déja fort humaine.

Mr. NARQUOIS.

Ensuite, j'ai étudié la Rhétorique, la Philosophie, le Droit.

NICETTE.

Et ma mére a-t-elle aussi étudié tout cela ?

Mr. NARQUOIS.

Non vraiment.

NICETTE.

AIR. *Suivons l'Amour, c'est lui qui nous méne.*

Oh ! bien, tenez, c'est trop de mystére,
Monsieur Narquois, donnez-moi plutôt
Du même esprit dont se sert ma mére ;
Car c'est, je crois, de celui qu'il me faut.

Mr. NARQUOIS.

C'est-à-dire, que vous demandez de l'esprit naturel.

NICETTE.

Naturel, soit.

Mr. NARQUOIS.

Oh, oh ! celui-là est un présent de la nature, que l'éducation ne sauroit donner.

NICETTE.

Comment ?

Mr.

Mr. NARQUOIS.

AIR. *O reguingué, o lon lan la.*

On peut fort bien le cultiver,
Mais non pas en faire trouver.

NICETTE.

Vous voulez me faire endéver.

Mr. NARQUOIS.

Ma fille en cette conjoncture,
L'art ne peut rien sans la nature.

NICETTE.

Est-ce que vous n'avez pas de stesprit-là,
vous ?

Mr. NARQUOIS.

J'en ai ; mais....

NICETTE.

Mais vous ne voulez pas m'en donner.
C'est bien vilain.

AIR. *Tu n'as pas le pouvoir.*

En vous j'ai mis tout mon espoir,

Mr. NARQUOIS.

J'aurois beau le vouloir,   *bis.*
Hélas ! malgré tout mon sçavoir,
Je n'ai pas ce pouvoir.   *bis.*

NICETTE.

Il me quitte ! Je ne connois rien de plus
chiche que ce Vieillard là.

SCE-

SCENE V.

L'EVEILLE', NICETTE.

L'EVEILLE'.

AIR. *Lagaçante. Je vous aime Céliméne.*

Finette avec moi s'engage,
  Ma parsonne l'attendrit ;
Je l'empaumons par mon langage.
Morgué, vivent les gens d'esprit!
  La fortune me rit ;
J'épousons la parle du Village.
  La fortune me rit.
Morgué, vivent les gens d'esprit!

NICETTE.

Ah ! vous en avez ? Donnez-m'en,
Monsieur l'Eveillé.

L'EVEILLE'.

AIR. *Vien, ma Bergére, vien seulette, ô lon
lan la lan derira.*

Que voulez-vous de moi, Nicette?
  O lon lan la landerira.
Tatigué, qu'alle est joliette!
O lon lan la landerirette.
Que d'agrémens elle a déja!

NI-

NICETTE.

AIR. *Vous en avez, vous en avez.*

L'esprit seroit mieux mon affaire ;
J'en demande mon nécessaire.

L'EVEILLE'.

Oh ! puisque vous en desirez,
Vous en aurez, vous en aurez ;
Je prévoi bian que vous en aurez,
Que vous en aurez.

NICETTE.

Voyez ce vilain Monsieur Narquois ;
il m'a dit com ça, que ça ne se pouvoit pas.

L'EVEILLE'.

Bon, bon ! Vla encore un biau oli-
brius ; il n'a de l'esprit qu'en latin, j'en
avons en françois.

AIR. *Le tout par nature.*

Oh ! quant à l'égard de ça,
De reste j'en avons là.
Comme moi Finette en a,
Et bian-tôt, je vous jure,
Comme à tous il vous viandra ;
Le tout par nature.

NICETTE.

Et ça ne peut-il pas se donner ?

L'EVEILLE'.

Oui, vraiment.

B   AIR.

AIR. *Tout cela m'est indifferent.*

En voici la comparaison.
Lorsque l'on greffe un sauvageon,
La séve, par ce stratagême,
Se communique & fait profit....
Il en est ainsi tout de même,
On peut se bailler de l'esprit.

NICETTE.

Et ne pourriez-vous m'en faire avoir
dès-à-présent?

L'EVEILLE'.

Moi? Eh mais... Tatiguoi! Alle est
bien drolette!

AIR. *Oh ricandaine, oh ricandon.*

Et pourquoi non, mon biau tendron?
Oh, ricandaine, oh ricandon.
Quoique j'ayons l'air un peu rond,
J'en sçavons long.
Avec ce petit bec mignon,
Votre recherche, mon trognon,
N'est pas vaine.
Le joli minois que voilà!
Pous vous il me parle déja.
(*Il rit.*)
Ah, ah, ah, ah, ah, ah, ah?
ça puisque l'esprit est sur jeu,
Par la jarni, je sens bien que....
Oui, je vous en baillerai.
O ricandaine,
Je vous en donnerai,
O ricandé.

NI

NICETTE.

AIR. *Donnez, Amans, mais donnez bien.*
Vaudeville du Magnifique.

Vos bontés me rendent confuse.
Me ferez-vous de tels présens,
A moi qui n'ai que quatorze ans?

L'EVEILLE'.

Jamais l'esprit ne se refuse....
Laissez faire, je vous donnerai tout ce
que j'en ai.

NICETTE.

AIR. *Non je ne veux pas rire.*
(à part.)

Me donner tout l'esprit qu'il a!
Vaux-je la peine de cela?

L'EVEILLE'.

Oui, ma petite reine.
Vous en valez bian la peine,
Vous en valez bian la peine,
Oui - da,
Vous en valez bian la peine.

NICETTE.

AIR. *Allons la voir à Saint Cloud.*

D'un pareil bien-fait, hélas!
Je ferai reconnoissance.
Sur tout ne me trompez pas;
Car je suis bien innocente.

B 2   L'E-

L'EVEILLE'.

Pargué j'en serois bian fâché.

NICETTE.

Il faut me faire bon marché;
Car je ne fuis pas riche.

L'EVEILLE'.

Et moi je ne fuis pas chiche.

Je fis un garçon fort farviable, fort
charitable ; je ne demandons que vot'
amiquié.

NICETTE.

C'est trop jufte.

L'EVEILLE'.

AIR. *Vaudeville du retour de Fontainebleau.*

Gardez-vous, fur cet entretien,
De jafer avec Finette.
Allez, je vous inftruirons bien ;
ça, commençons, belle Nicette.

SCENE VI.

L'EVEILLE', FINETTE, NICETTE.

FINETTE *retirant l'Eveillé.*

EH gué gué gué gué, comme il y va ;
La la la la la la la la la la la la la la la.

L'EVEILLE'.

Me vla pris comme un Renard !

NI-

NICETTE.

Pardi, ma coufine Finette, vous êtes bian infupportable de venir nous interrompre comme ça mal-à-propos.

FINETTE.

Oui da !

AIR. *L'autre jour Colin d'un air badin.*
(à l'Eveillé.)

Avec ce tendron,
Vous vouliez donc
Ici me faire niche ?

L'EVEILLE'.

Qu'apréhendez-vous ?

FINETTE.

Craignez mon courroux.

L'EVEILLE'.

Queu tranfport jaloux !
Je ne lui fais pas les yeux doux.

FINETTE.

De conter fleurette
Vous n'êtes pas chiche ;
Laiffez là Nicette,
Tôt, que l'on déniche.
Pour cette poulette,
L'Eveillé me triche,
Tout prêt d'être mon mari ;
Fi.

L'EVEILLE'.

AIR. *Tourlourirette lironfa.*

Ecoutez moi, belle brunette,
Et calmez ce brufque dépit. (*Il rit.*)

B 3   FI-

FINETTE.

Je crois encore qu'il en rit.

L'EVEILLE'.

C'eſt... c'eſt... c'eſt que Nicette
Charché par tout de l'eſprit...
Queu mal fait-on quand on l'inſtruit?

NICETTE.

AIR. *Tarare ponpon.*

M'empêcher d'en avoir, vous n'êtes guére bonne;
Mais il m'en donnera
Pour cette bague-là.

FINETTE.

Doucement, ma mignonne,
Je lui défens.

NICETTE.

Pourquoi?

FINETTE.

Oh! l'Eveillé n'en donne
Qu'à moi.

NICETTE.

Eh mais! vous en avez tant.

FINETTE.

On n'en ſauroit trop avoir.

NICETTE.

Laiſſez la dire, Monſieur l'Eveillé.
Donnez-m'en toujours.

L'EVEILLE'.

AIR. *C'eſt la choſe impoſſible.*

Oh! Finette ne le veut pas.

NI-

NICETTE.

Franchement cela me chagrine.
Que dois-je faire en pareil cas?
Ayons recours à ma coufine.
Je compte fur vous pour cela;
Donnez m'en donc.

L'EVEILLE'.

Qu'alle eft rifible!
C'eft la la la la la la la la
C'eft la chofe impoffible.

FINETTE.

Allez, l'Eveillé fe moque de vous,
ça ne fe donne point, ça vient tout feul.

NICETTE.

Eh quand ça vient-il donc?

FINETTE.

Dame, ça vient..... ça vient quand
ça vient. Queu queftion elle fait là?

NICETTE.

AIR. *Ah ah ah! venez-y toutes les belles
jeunes filles moudre.*

Ne puis-je favoir comme
Cet efprit me vienra?

L'EVEILLE'.

Ce fera
Lors qu'auprès d'un jeune homme
Le petit cœur fera
Ti ta ti ta ti ta ta,
Et que vous fentirez naître
Un defir preffant de connoître
Ce qui caufe ça.

B 4 NI-

NICETTE.

Je n'y entens rien.

L'EVEILLE'.

C'eft que vous ne favez pas ce que c'eft
que l'efprit.

NICETTE.

Qu'eft-ce que c'eft donc ?

L'EVEILLE'.

L'efprit , c'eft . . . c'eft une belle
chofe !

NICETTE.

Hé bien ?

L'EVEILLE'.

ça fart biaucoup aux filles.

NICETTE.

Hé bien ?

L'EVEILLE'.

C'eft . . . .

FINETTE.

Oh c'eft , c'eft . . . qu'alle aille appren-
dre d'Alain ce que c'eft.

L'EVEILLE'.

Pargué ça doit faire un bel atelage !

AIR. *Ah que Colin l'autre jour me fit rire.*

Qu'il vous en donne, Alain en eft le maître.

NI-

NICETTE.

Alain, Alain, cela pourroit-il être ?
On dit, hélas !
Qu'il n'en a pas.

L'EVEILLÉ & FINETTE, (*en s'en allant*)

Ah ah ah ah ah ah ah ah ah ah ah ah.

SCENE VII.

NICETTE *seule.*

AIR. *Il faut que je file, file.*

Tout le monde m'abandonne,
ça me fait sécher sur pié.
Ne trouverai-je personne,
Pour moi de bonne amitié ;
Qui m'en donne, donne, donne,
Qui m'en donne par pitié ?

AIR. *Au bout, au bout, au bout du monde.*

Ne perdons pas encor courage,
Informons-nous dans le Village,
Je ferai tant que j'en aurai.
    Quêtons à la ronde,
    S'il le faut, j'irai
Au bout, au bout, au bout du monde.

AIR. *Rossignolet du vert bocage.*

Je mettrai fin par cette emplette,
    A mon chagrin.

B 5   SCE

SCENE VIII.

NICETTE, ALAIN.

ALAIN.

*Suite de l'*AIR *précédent.*

Vous voilà donc! Bon jour, Nicette,

NICETTE.

Bon jour, Alain.

ALAIN *rit niaisement.*

He, he, he, he.

NICETTE

Qu'avez-vous à rire?

ALAIN.

He, he, j'en ai envie toutes les fois que je vous rencontre.

NICETTE.

Est-ce que j'ai la mine risible?

AIR. *Philis en cherchant son amant.*

Tout chacun se moque de moi.

ALAIN.

Ce n'est pas pour ça, jarniguoi!
Dam', tenez, je ne sçai pourquoi,
Je ris d'aise, à ce que je crois,
Quand je vous voi.

ALAIN.

ALAIN.

Eſt-ce qu'ous n'êtes pas itou bian aiſe
de me vóir, vous?

NICETTE.

Oui, Alain.

ALAIN.

Stapendant vous avez l'air triſte.

NICETTE.

C'eſt que je ſuis fâchée.

ALAIN.

AIR. *Tu n'as pas ce qu'il me faudroit.*

Hé bian, qu'eſt-ce qui vous chagreine?

NICETTE.

Ah! Je n'ai point d'eſprit', Alain.

ALAIN.

Quoi! C'eſt ça qui vous met en peine?
Non plus que vous, je n'en ai brin,
Je n'en eus jamais, & j'ignore
A quoi l'eſprit me ſarviroit.
Je puis ſans ça bian vivre encore.

NICETTE.

Oh! Moi, je ſens bian qu'il m'en faudroit.

AIR. *Ton himeur eſt Cathereine.*

C'eſt, dit-on, choſe fort belle,
Aux filles ça ſart biaucoup.

ALAIN.

Où cette drogue croît-elle?

NICETTE.

ça se trouve tout d'un coup.

ALAIN.

Là - dessus je veux m'instruire.

NICETTE.

Un pareil desir me tient.
Tout ce que je puis vous dire,
C'est que ça vient, quand ça vient.

Sans ma cousine, l'Eveillé m'auroit peut-
être donné de l'esprit.

ALAIN.

Je sis faché de n'en point avoir, je vous
en ferois présent.

NICETTE.

Je ne sai ; j'aimerois mieux vous avoir
st'obligation-là qu'à d'autres.

ALAIN.

Je ne demanderois qu'à vous faire plaisir.

NICETTE.

Je voudrois bian vous faire plaisir aussi.

ALAIN.

Je ne sai comme ça se fait, vous me re-
venez mieux que toutes les filles du village.

NICETTE.

Et vous, vous me plaisez mieux que Ro-
bin mon Mouton.

ALAIN.

ALAIN.

Tatiguoi ! fans favoir ça que c'eft que
l'efprit, vous me donnez envie d'en avoir.

NICETTE.

AIR. *Dans notre Village chacun vit content.*

Cherchons en enfemble ;
Quand nous en aurons,
Nous partagerons.

ALAIN.

Vous avez raifon, ce me femble.
J'en trouvarons mieux,
Quand nous ferons deux.

NICETTE.

Si j'en trouve par hazard, en mon par-
ticulier, je vous en ferai part auffitôt.

AIR. *Une Vielle d'argent , lirette.*

Tout , à la bonne franquette,
Se partagera.

ALAIN.

La part fera bientôt faite ;
Dès qu'il m'en viendra ,
Tout fera pour vous, Nicette,
Tout pour vous fera.

Je n'en veux avoir que pour vous.

NICETTE.

C'eft bian honnête, mais il faut que ça
foit en commun. Allons en chercher au
plutôt.

ALAIN.

Par où faut - il aller ?   NI-

NICETTE.

Je n'en sai rien.

ALAIN.

Attendez....

AIR. *Un jour le bon Pére Abraham prêchoit avec instance.*

On trouve de tout à Paris.
On en vend là sans doute ;
Ne vous embarrassez du prix,
J'en aurons, quoi qu'il coûte.
Ensemble, allons-y de ce pas,
Eh ! Que sçait-on ? Peut-être, hélas,
J'en trouverons en route.

NICETTE.

Partons, c'est bian dit.

SCENE IX.

Me. MADRE', NICETTE, ALAIN.

Me. MADRE'.

AIR. *Jen' lui, jen' lui donne pas, mais je lui laisse prendre.*

ALain, où voulez-vous aller
Avec cette innocente ?
Demeurez, je dois vous parler,

à)

(*à Nicette.*)

Et vous, impertinente,
Pourquoi lui donnez-vous le bras
D'un petit air si tendre?

NICETTE.

Jen' lui, jen' lui donne pas;
Mais je lui laisse prendre.

Me. MADRE'.

AIR. *N'oubliez pas votre houlette, Lisette.*

Ne les laissons point seuls ensemble,
Je tremble
Qu'ils n'y prennent plaisir.
Pouvez-vous de la sorte agir
Sans rougir, petite pécore?

NICETTE.

Excusez-moi, Maman, j'ignore
Encore,
Lorsque l'on doit rougir.

Me. MADRE'.

Allez, petite fille, allez mettre un fichu.

NICETTE.

Je n'ai pas froid, ma mére.

Me. MADRE'.

Allez, vous dis-je, & que je ne sache
pas que vous parliez davantage avec Alain;
entendez-vous? Que je ne sache pas ça.

NICETTE.

Non, ma mére.

(*Elle sort en regardant Alain à plusieurs re-*
prises. Alain la regarde aller.)

SCE

SCENE X.

Me. MADRE', ALAIN.

Me. MADRE'.

A Quoi vous amusez-vous, Alain, avec une morveuse? Vous ne dites mot. Un garçon d'esprit répondroit queuque chose.

ALAIN (d'un ton chagrin.)

Oh! je n'ai pas d'esprit, moi.

Me. MADRE'.

Hé bien, je vous en ferai avoir.

ALAIN (d'un air joyeux.)

Tout de bon?

Me. MADRE'.

Oui.

ALAIN.

Oh, oh! tanmieux. Que je vous serai bien obligé!

AIR. *Je ne sçai pas écrire.*
Vaudeville des billets doux.

Jamais mon pére ne m'apprit
Comme il faut avoir de l'esprit.

Me.

Me. MADRE'.

J'en ferai mon affaire.
Je vous instruirai dès ce jour :
L'esprit vient en faisant l'amour.

ALAIN.

Je ne sai pas le faire.

Me. MADRE'.

C'est encore ce que je veux vous montrer. L'esprit ne se façonne que par le commerce du biau sesque.

ALAIN:

Montrez, montrez-moi ça.

Me. MADRE'.

Faut premiérement que vous choisissiez une amoureuse.

ALAIN:

Qu'est-ce que c'est que ça, une amoureuse ?

Me. MADRE'.

AIR. *On n'aime point dans nos Forêts.*

Une Belle qu'on aime bien ;
Supposons que ce soit moi-même.

ALAIN *d'un air riant.*

Oh, tenez, ne supposons rien,
C'est déja fait.

Me. MADRE' *à part.*

C'est moi qu'il aime.

ALAIN.

ALAIN.

Je viens de choisir à l'instant.

Me. MADRE' *à part.*

Ah! qu'il me rend le cœur content!
C'est cet aveu que je demandois.

ALAIN.

Hé bien, stamoureuse, comme vous dites?

Me. MADRE'.

AIR. *Que je regrette mon amant.*

Il faut l'aborder joliment,
Et d'une manière galante,
On lui fait un doux compliment.

ALAIN.

Fort bien.

Me. MADRE'.

Après on lui présente
D'un air coquet,
Un bouquet
De muguet,
Ou d'œillet
Qu'on lui met
A son corset.

ALAIN.

Allez, allez, cela vaut fait.
Mais qu'est-ce que c'est que faire un
compliment ?

Me. MADRE'.

Par exemple, c'est recomparer sa Belle
aux

aux fleurs, au biau jour ; enfin, à ce qu'on
trouve de plus agriable.

ALAIN.

Bon, revenons à ſtamoureuſe.

Me. MADRE'.

AIR. *Quand la Bergére vient des Champs*
tout dandinant.

> Enſuite on lui baiſe la main,
>   D'un air badin,
>   Mon cher Alain,
> Quelque-fois même plus malin,
>   Zeſte, on l'embraſſe,
>   Avec audace.

ALAIN.

Le tour eſt fin !
Et l'eſprit ?

Me. MADRE'.

L'eſprit alors commence à venir, *(en lui*
donnant ſon bouquet.) Eprouvons ſi vous
avez bian retenu tout ce que je vous ai dit.
Vla mon bouquet.

ALAIN *prend le bouquet & le met à ſon côté.*
Donnez.

Me. MADRE'.

AIR. *Eſt - ce que ça ſe demande ?*
    Il n'entend pas.

ALAIN.

        J'entens fort bien.
Toute la manigance.   Me.

Me. MADRE'.

Oui, mais voyez s'il en fait rien,

ALAIN,

Baillez - vous patience.

Me. MADRE'.

Repetez donc
Votre leçon.

ALAIN.

Oh! ce n'eſt pas la peine,
Alain tantôt,
Sera moins ſot,
De ça ſoyez certaine.

Me. MADRE' *à part.*

On lui a dit aparemment que je dois
l'épouſer. (*à Alain.*) Vous ſavez donc....

ALAIN,

Hé, oui, oui, je ſavons....., ſuffit,

Me. MADRE'.

A propos, vous êtes de la nôce de Finette; je vous choiſis pour mon meneux,
& je vais acheter des rubans pour vous,
comme ça ſe pratique.

ALAIN.

Bon, bon. (*à part.*) Je donnerai tout
ça à Nicette,

Me.

Me. MADRE'.

Suivez - moi.

ALAIN, *bas à Nicette qui paroît.*

Oh ! oh ! Attendez - moi là , mon Amoureuſe.

SCENE XI.

NICETTE *avec des fleurs dans ſes che- veux , & un ſichu mis à l'envers.*

MA mére emméne Alain ! Pourquoi ne veut-elle pas que je lui parle ? Depuis ſte deffenſe là , j'ai toutes les en- vies du monde de me trouver avec lui. Il me vient mille choſes dans la tête. D'où vient donc que je ſoupire ? Rêvons un peu ſur tout ça.

SCENE XII.

NICETTE, L'EVEILLE', FINETTE.

L'EVEILLE'.

QUeu délice, Finette ! Dans eune heure , je ſerons mari & femme.

AIR.

AIR. *Diversité flatte le goût.*

Tu ne feras plus le dragon,
Belle brunette, si ma bouche
Vole un baiser sur ton menton,
Ou sur ton petit bec mignon.

(Il veut embrasser Finette, elle le repousse.)

FINETTE.

Tout doux !

L'EVEILLE'.

Quelle mouche
Te pique donc ?
Tu fais la mitouche
Hors de saison ;
Mais je touche,
Biauté farouche,
Au moment d'en avoir raison.

FINETTE.

Nous verrons ça, patience.

L'EVEILLE' *continuë.*

Tatigué qu'alle a l'œil fripon !
Alle animeroit une souche ;
Auprès d'elle, jarni coton,
J'ai de l'esprit comme un démon.

NICETTE *sortant de sa rêverie.*

On parle d'esprit. Ecoutons.

FINETTE.

Pour moi j'en ons û dès que je t'ai
vû, & bien fin à présent qui m'atraperoit.

L'EVEILLE'.

Te souviant-il de la première fois que
je te rencontris ? FI-

FINETTE.

Oh! que oui.

NICETTE.

Je vai favoir comment l'efprit leus eft
venu.

L'EVEILLE'.

AIR. *Et la Belle trouva bon.*

Me promenant à l'écart,
Un jour, au fond d'un bocage,
Je t'avifis, par hazard,
A l'abri d'un épais feuillage;
Tu dormois tranquillement.

FINETTE.

Oh vraiment, j'en faifois femblant.

NICETTE.

Fort bien.

L'EVEILLE'.

Même **AIR.**

Que ton air étoit charmant!
J'admire d'une cachette,
J'aproche enfin doucement,
Et je baife ta main blanchette;
Tu t'éveille en te fâchant.

FINETTE.

Oh vraiment, j'en faifois femblant.
Mais pendant que tu rapelles le paffé,
tu ne fonges pas au préfent.

L'E-

L'EVEILLE'.

T'as morgué raifon.   Aprête-toi, j'allons venir te charcher pour nous marier.

NICETTE.

Vlat'il pas qu'elle l'empêche encore
d'en dire davantage?

SCENE XIII.

FINETTE, NICETTE.

FINETTE.

AIR. *Toujours va qui danfe.*

LEs foins, les foucis, l'embarras,
　Sont les fruits du mariage;
On a des enfans fur les bras,
Il faut faire un ménage;
Mais de toutes ces peines là,
Un époux récompenfe,
Ta la la la la la la la,
Toûjours va qui danfe.

NICETTE *appelle Finette, comme elle
eft prête d'entrér dans la maifon.*

Ma coufine! Ma coufine! (*à part.*) Il
faut que je l'éloigne de cheux nous; Alain
va venir me trouver.

FI.

FINETTE.

Qu'eſt-ce que c'eſt?

NICETTE.

(*à part vivement.*) Elle en inſtruiroit ma mére. (*haut niaiſement.*) Monſieur le Tabellion m'a dit de vous dire comme ça qu'ous alliez cheux lui toute à l'heure, toute à l'heure.

FINETTE.

Eſt-ce qu'il y auroit queuque anicroche à mon mariage? Voyons ça.

SCENE XIV.

NICETTE ſeule.

J'Apperçois Alain, je vais lui dire tout ce que j'ai entendu. Mais commençons par eſſayer les ſemblans de ma couſine.

(*Elle ſe met ſur le gazon & fait ſemblant de dormir.*)

C   SCE-

SCENE XV.

ALAIN, NICETTE.

ALAIN.

A i r. Je sommeille.

Holà, belle Nicette, hola!
Où donc êtes-vous? La voilà
Qui sommeille.
Avec ces rubans ornons-la;
Mais prenons garde que cela
Ne la réveille.

Même Air.

Mordi le tour seroit malin;
Mais je crains trop....

NICETTE.

Alain, Alain,
Je sommeille.

ALAIN.

J'en ai biaucoup à vous conter;
ça, ça, ça, que pour m'écouter
On se réveille.

Même Air.

Elle dort, aprochons tout doux...
Je n'oserois, retirons-nous.

NICETTE.

Je sommeille.

ALAIN.

Nicette, c'est assez dormi,
C'est la voix d'Alain votre ami
Qui vous réveille.

NI-

NICETTE *se léve & préfente la main à Alain.*

Allons, baifez-moi la main, afin que je faffe femblant de me fâcher, je fai comme vient l'efprit.

ALAIN.

Oh, je le fai bien itou. Allez. L'efprit vient de l'amour.

NICETTE.

De l'amour !

ALAIN.

J'allons vous expliquer ça. Quand on a choifi une amoureufe, c'eft-à-dire, queuqu'un qu'on aime bien, on li fait un compliment, & pis encor, on li donne des fleurs.

NICETTE.

C'eft drole.

ALAIN.

AIR. *La fille de Village ,* ou *Attendez-moi fous l'orme.*

On prend la main encore.

NICETTE.

Enfuite que fait-on?

ALAIN.

Puis on la baife encore.

NICETTE.

L'efprit ainfi vient donc ?

C 2   ALAIN.

ALAIN.

Puis on embraſſe.

NICETTE.

Encore?

ALAIN.

Oh! l'on n'y manque point,
Et d'encore en encore,
L'eſprit vient à ſon point.

J'allons en faire l'expérience. Allons.
Prenez que vous vla. Vous allez voir, vous
allez voir.

*(Il va au fond du Théatre & revient le bou-
quet à la main & le chapeau ſous le bras,
en diſant :)*

D'une maniére galante *(il fait la révé-
rence, & dit :)* le compliment à ſteure. Ma-
demoiſelle Nicette, vous êtes belle.....
belle....comme.....comme vous-même.
Je ne ſai, mordi, rian de plus biau à quoi
vous recomparer. *(d'un ton plus familier.)*
L'eſprit viant - il ?

NICETTE.

Non. Mais j'ai bonne eſpérance, ça me
rend joyeuſe.

ALAIN.

AIR. *De l'amour je ſubis les loix, je n'en fais
plus un vain myſtére.*
Recevez donc ſe biau bouquet.

NI.

NICETTE.

Très - volontiers.

ALAIN.

Il faut, Nicette,
Que je l'attache à ce corfet.

NICETTE.

Très - volontiers.

ALAIN *après avoir attaché le bouquet.*

L'affaire eft faite ;
Prenons & baifons cette main.

(*Il baife la main de Nicette.*)

NICETTE *émuë.*

Alain !.. Alain !.. Mon cœur palpite !.]

ALAIN.

Le mien galope auffi fon train.

NICETTE.

Cher Alain,
Quel fujet nous agite ?

AIR. *Dieux ! Quels momens !*

C'eft de l'efprit affurément,
Qui nous vient brufquement.

ALAIN.

Je penfons tout de même.

Eprouvons encore ça. (*il lui baife encore
la main.*)

C 3.

NICETTE.

Je sens en ce moment....
Ah ! Quel moment !
Un trouble extrême.

ENSEMBLE.

C'est de l'esprit assurément.

ALAIN.

Je n'aurons que faire d'aller à Paris
pour en charcher. Mais ce n'est pas le
tout.

NICETTE.

Je m'en doute bien, car il me semble
que l'esprit ne commence qu'à me venir,
& c'est si peu.....

ALAIN.

Oh ! il y a encore l'embrassement !

NICETTE.

Ah ciel ! J'entens tousser Monsieur le
Tabellion. Le vla. Cachez-vous derriére
moi.

SCE-

SCENE XVI.

NICETTE, ALAIN, Mr. SUBTIL.

Mr. SUBTIL.

BElle Nicette, je viens pour dresser les articles de mon mariage avec vous. Mais vous me paroissez émuë?

NICETTE, *en serrant la main d'Alain qui est caché derriére elle.*

C'est que je suis à côté de ce qui me fait plaisir.

Mr. SUBTIL.

Je lui fais plaisir? L'aimable enfant! Que cette ingénuité a de charmes!

NICETTE *d'un ton niais affecté.*

Rendez-moi un service, Monsieur Subtil; la nôce de ma cousine se fait cheux nous; je n'ai pas achevé d'y ranger; si ma Mére venoit, elle gronderoit. Allez au devant d'elle pour l'amuser, elle est allée par là bas.

AIR. *Va-t-en voir s'ils viennent Jean?*

Empêchez la, que d'ici
    Elle ne s'approche,
L'Eveillé, Finette aussi;
Je crains leur reproche:
Ces causeurs avec maman
De moi s'entretiennent.

Mr.

Mr. SUBTIL.

Raſſurez vous, Belle Nicette, je vais faire le guet, (*en s'en allant.*) Qu'il eſt doux de garder ce qu'on aime !

SCENE XVII.

NICETTE, ALAIN.

NICETTE *achéve l'air ci-deſſus vivement lorſque Mr. Subtil eſt éloigné.*

Va-t-en voir s'ils viennent Jean,
Va-t-en voir s'ils viennent.

ALAIN.

Qu'eſt-ce que c'eſt que ſon mariage avec vous ?

NICETTE.

Il dit qu'il ſera mon mari, je ne ſai pas ce que ça ſignifie : mais il faut que le mariage ſoit bian joli, puiſque l'Eveillé & ma couſine ſont ſi aiſés de ſe marier.

ALAIN.

AIR. *Vite à Catin un verre.*

Oh, ne vous en déplaiſe,
Je ſerois, tatiguoi,
Fâché que vous ſoyez bian aiſe
Avec un autre qu'avec moi.

NI.

NICETTE *avec sentiment.*

Je sens bian aussi que je ne pourrois
être bian aise sans vous. Puisque c'est ainsi,
marions-nous nous deux.

ALAIN.

Bon, comme ça.

NICETTE.

Comment ferons-nous ? Faut prendre
conseil de l'esprit.

ALAIN.

AIR. *Pour voir un peu comme ça fera.*

C'est raisonner fort prudemment,
Il réglera notre conduite.
J'en étions à l'embrassement ;
De ma leçon c'est une suite.
Belle Nicette, éprouvons-la,
Pour voir un peu comment ça fra.

(*L'Eveillé qu'on ne voit point, chante.*)

AIR. *Quel plaisir d'être avec vous !*

Quel plaisir
Vient me saisir !
Voici le moment qui va nous unir.

ALAIN *avec dépit.*

Peste soit de l'importun !

NICETTE.

C'est l'Eveillé ; cachez-vous dans not'
maison, je vais bian vîte le renvoyer.

C 5   SCE-

SCENE XVIII.

L'EVEILLE', NICETTE.

L'EVEILLE'.

Reprise de l'Air ci-dessus.

QU'il m'est doux de t'obtenir,
  Ma brunette,
Joliette !
  Quel plaisir
Viant me saisir ?
Celle que j'aime,
Qui m'aime de même,
  Va remplir
Tout mon desir.
Voici le moment qui va nous unir.

Nicette, vot' couseine est-elle prête ?
Je venons la charcher.

NICETTE.

Oh vraiment, elle est fâchée que vous
l'ayez fait trop attendre. Elle est sortie.

L'EVEILLE'.

Queu conte ? Et où est-elle allée ?

NICETTE.

O dam'..... écoutez. (*elle parle bas à*
l'Eveillé.)

SCE-

SCENE XIX.

Me. MADRE', L'EVEILLE', NICETTE.

Me. MADRE' *à M. Subtil qu'elle fait entrer dans la maison pendant que Nicette parle à l'Eveillé.*

ENtrez toujours, M. Subtil, je vais vous envoyer Alain & Nicette.

NICETTE *à l'Eveillé.*

Ne dites pas que je vous l'ai dit, au moins.

L'EVEILLE'.

Non, non. Gramerci. (*en s'en allant.*)

*Fin de l'*AIR *ci-dessus.*

Quel plaisir vient me saisir !
Voici le moment qui va nous unir.

NICETTE *appercevant sa mére.*

Ah, vla bien autre chose !

SCENE XX.

Me. MADRE', NICETTE.

Me. MADRE'.

QUe faites-vous ici, petite fille? Ah, ah, vla un fichu plaisamment mis.

NICETTE.

Dame, je suis si simple.

Me. MADRE'.

Pourquoi ces fleurs dans vos cheveux? Vla qu'est nouveau : je ne prétens pas qu'ous vous ajustiais comme ça ; quand vous serez mariée, à la bonne heure, on ne trouvera plus à redire à vos actions.

AIR. *Baise moi donc, me disoit Blaise.*

A votre gré vous pourrez faire.

NICETTE.

Hé bien, hé bien, mariez-moi ma mére,
Que ce soit plûtôt que plus tard ;
Car, tenez, j'ai tant de bêtise,
Que je pourrois bien, par mégard',
Faire encore quelque sotise.

Me.

Me. MADRE'.

Vot' mariage va se tarminer tout-à-
l'heure. Vot' mari futur est cheux nous.

NICETTE *vivement.*

Est-ce que vous le savez ?

Me. MADRE'.

Eh, vraiment oui.

NICETTE.

Vous l'avez donc vû entrer ?

Me. MADRE'.

Eh oui, vous dis-je. Qu'elle est bête !

NICETTE.

Et vous permettez que je me marie
avec lui, non avec d'autres ?

Me. MADRE'.

Oui, oui, esprit bouché, je le per-
mets, je le veux, je l'ordonne, & vous
serez ensemble dès demain.

NICETTE.

Que je suis contente !

Me. MADRE'.

Quel empressement ! Où court-elle !

NICETTE.

Alain ! Alain !

Me.

Me. MADRE' *voyant fortir Alain de chez*
elle, avec M. Subtil.

Que vois-je?

SCENE XXI. & derniére.

Mr. SUBTIL, ALAIN, Me. MADRE', NICETTE, L'EVEILLE', FINETTE.

Mr. SUBTIL.

NE puis-je favoir, Alain, pourquoi je
vous trouve chez Madame Madré?

FINETTE *à Mr. Subtil.*

Ah! vous vla, Monfieur le Tabellion.
J'ai couru tout le Village pour vous trouver. On dit que vous avez à me parler.

Mr. SUBTIL.

Qui vous a dit cela?

FINETTE.

C'eft Nicette.

L'EVEILLE' *à Finette.*

Pardi, Mademoifelle Finette, eft-ce
que nous jouons aux barres? Queu caprice
vous prend d'être fâchée contre moi?

FI-

FINETTE.

Qui vous a dit cela ?

L'EVEILLE'.

C'eſt Nicette.

Me. MADRE'.

Alain, qu'eſt-ce qui vous a fait entrer cheux nous ?

ALAIN.

Hé, hé, hé, c'eſt Nicette.

Me. MADRE'.

C'eſt Nicette, c'eſt Nicette. Expliquez-nous ça, morveuſe.

NICETTE.

Dam', ma mére, vous ſavez bian que vous m'avez dit com' ça : petite fille, que je ne ſache pas qu'ous parliez avec Alain.

Me. MADRE'.

Hé bien, eſt-ce ainſi que vous m'obéiſſez ?

NICETTE.

Vraiment oui. Afin que vous ne le ſachiez pas, ni perſonne, j'ai envoyé Finette d'un côté, l'Eveillé de l'autre, Mr. Subtil a bien voulu avoir la bonté de faire le guet, & j'ai fait cacher Alain cheux nous.

L'E-

L'EVEILLE'.

Pargué en vla d'une bonne!

Mr. SUBTIL.

Quelle innocente!

FINETTE rit.

Ah, ah, ah.

Me. MADRE'.

Il est bien question de rire?

NICETTE vivement.

AIR. *Loin que le travail m'épouvante.* De la Parodie d'*Atis.*

À présent je ne dois plus feindre;
De vous je n'ai plus rien à craindre.
Alain m'épousera demain.
Au plaisir mon ame se livre.
Si je n'avois mon cher Alain,
Je crois que je ne pourrois vivre.

L'EVEILLE'.

Comme elle en dégoise!

FINETTE.

Qu'est-ce qui diroit ça?

Me. MADRE' *à Nicette.*

Queu galimatias me faites-vous? Vous me paroissez bien alerte?

NI-

NICETTE.

C'est qu'Alain m'a donné de l'esprit ; vous ne me gronderez plus de n'en point avoir.

ALAIN.

Oh vraiment, je lui ai donné bien autre chose. Voyez, voyez, je lui ai donné encore votre bouquet & vos rubans ; c'est mon amoureuse, j'ai bien retenu tout ce qu'ous avez dit.

AIR. *Chacun à son tour, liron, lirette.*

Bon effet ça viant de produire ;
Gramerci, Madame Madré :
Vous avez bien voulu m'instruire,
Morgué, je vous en sçais bon gré.
J'instruisons votre fille Nicette,
Je li montre à faire l'amour,
   Chacun a son tour,
   Liron lirette,
   Chacun a son tour.

Mr. SUBTIL.

Que dites-vous à cela, Madame Madré ?

Me. MADRE'.

Vous même, Monsieur Subtil ?

Mr. SUBTIL.

Je dis que je cherchois une Agnès & que je n'en trouve plus. Ils sont plus fins que
                          nous,

nous, puisqu'ils nous ont attrapés ; ainsi mon avis est qu'on les marie ensemble, pour arrêter les progrès de l'Esprit.

Me. MADRE'.

AIR. *Ne vous laissez jamais charmer, Iris, c'est une erreur extrême.*

Vous penseriez à les unir ?
Connoissent-ils le mariage ?

ALAIN.

L'esprit commence à nous venir,
J'en trouvarons bientôt l'usage.

Me. MADRE'.

Je ne m'attendois pas à ce qui nous arrive.

Mr. SUBTIL.

Ni moi. Puisqu'il m'est impossible de trouver ce que je desirois, je vous épouserai, si bon vous semble, Madame Madré.

Me. MADRE'.

Je voulois épouser un Nigaud, mais..... c'est la même chose, je vous prens ; laissons-les ensemble.

FINETTE *à Nicette.*

Je vous félicite, cousine.

AIR.

AIR. *Non je ne ferai pas ce qu'on veut que je faſſe.*

De vous voir de l'eſprit, je ſuis fort ſatisfaite.
Alain, le ſot Alain, a dégourdi Nicette.

L'EVEILLE'.

Morgué, c'eſt à bon droit, que le Proverbe dit :
Vivent, vivent les ſots pour donner de l'eſprit.

Vla les violons qui viennent nous re-
joindre ; parguene en l'honneur de ça,
danſons un petit branle, en attendant que
tout not' monde ſoit raſſemblé.

F I N.

COM-

COMPLIMENT

Prononcé à la clôture du Théatre de
l'Opera Comique, le 24. Mars.
1741.

AIR. *De la besogne.*

Que ce lieu me paroît joli!
　Quand je le voi si bien rempli,
Mon ame aux plaisirs se dispose,
Et je voi tout couleur de rose.

AIR. *Bouchez, Nayades, vos fontaines.*

Mais la crainte de votre absence,
Messieurs, rembrunit la nuance.
Permettez-moi, qu'en ce moment,
Pour le prix de votre indulgence,
Je vous fasse un remerciment,
Dicté par la reconnoissance.

Vous nous avez prouvé, Messieurs, en
nous honorant de votre présence, que notre Théatre pouvoit prétendre à la gloire
d'amuser vos loisirs. Vos bontés devan-
cent nos talens; continuez à nous être fa-
vorables, & souffrez que je vous y excite
par un petit Apologue.

AIR. *Il étoit un Moine blanc.*

Un Jardinier, l'autre jour,
D'un Verger faisant le tour,
Vit un Arbrisseau sauvage
Qui ne poussoit qu'en feuillage.

AIR.

AIR. *Pren, mon Iris, pren ton verre.*

Un Critique
Trop cauſtique
Lui dit de jetter au loin
Cet Arbuſte
Peu robuſte,
Indigne du moindre ſoin.
Le Jardinier lui replique:
Cet Arbre eſt d'eſpéce unique,
De culture il a beſoin.
Il retranche
Toute branche
Qui ne peut porter de fruit;
Il arroſe
Et diſpoſe;
L'Arbriſſeau bientôt produit.

AIR. *De tous les Capucins du monde.*

Vous êtes cet Artiſte habile,
Et l'Arbuſte inculte & débile
C'eſt notre Comique Opera;
Redreſſez - le, ſans le détruire,
Peut - être lorſqu'on l'aidera,
Quelques fruits il pourra produire.

AIR. *Tout cela m'eſt indifférent.*

Meſſieurs, votre goût excellent
A toujours créé le Talent;
Nous vous devons nos avantages;
Et nous nous efforcerons tous
De vous payer les arrérages
D'un bien que nous tenons de vous.

Fin du Compliment.

APPRO:

APPROBATION.

J'AI lû, par ordre de Monseigneur le Chancelier, une Comédie qui a pour titre, *La Chercheuse d'esprit*, & je crois que le Public en verra l'impression avec autant de plaisir qu'il en a eu aux représentations. A Paris ce 22. Mars 1741. Signé CREBILLON.

PRIVILEGE DU ROY.

LOUIS, par la grace de Dieu, Roy de France & de Navarre : A nos amés & feaux Conseillers, les Gens tenans nos Cours de Parlement, Maistres des Requêtes ordinaires de notre Hôtel, Grand Conseil, Prévôt de Paris, Baillifs, Sénéchaux, leurs Lieutenans Civils, & autres nos Justiciers qu'il appartiendra ; SALUT. Notre bien amé PIERRE PRAULT pére, Libraire à Paris, Nous ayant fait supplier de lui accorder nos Lettres de Permission pour l'impression d'un manuscrit qui a pour titre *La Chercheuse d'Esprit*, Opera Comique ; offrant pour cet effet de le faire imprimer en bon papier & beaux caractéres, suivant la feuille imprimée & attachée pour modéle sous le contre-scel des Présentes ; Nous lui avons permis & permettons par ces Présentes, de faire imprimer ledit Livre cy-dessus spécifié, conjointement ou séparément, & autant de fois que bon lui semblera, & de le vendre, faire vendre, & débiter par tout notre Royaume pendant le tems de trois années consécutives, à compter du jour de la date desdites Présentes : Faisons défenses à tous Libraires, Imprimeurs, & autres Personnes, de quelque qualité & condition qu'elles soient, d'en introduire d'impression étrangére dans aucun lieu de notre obéissance ; à la charge que ces Présentes seront enregistrées

trées tout au long sur le Registre de la Communauté des Libraires & Imprimeurs de Paris, dans trois mois de la date d'icelles ; que l'impression de ce Livre sera faite dans notre Royaume & non ailleurs ; & que l'Impétrant se conformera en tout aux Réglemens de la Librairie, & notamment à celui du dixiéme Avril 1725. & qu'avant que de l'exposer en vente, le Manuscrit ou Imprimé qui aura servi de copie à l'impression dudit Livre, sera remis dans le même état où l'Approbation y aura été donnée, ès mains de notre très-cher & féal Chevalier le Sieur Daguesseau, Chancelier de France, Commandeur de nos Ordres ; & qu'il en sera ensuite remis deux Exemplaires dans notre Bibliothéque publique, un dans celle de notre Château du Louvre, & un dans celle de notre dit très-cher & féal Chevalier le Sieur Daguesseau, Chancelier de France, Commandeur de nos Ordres ; le tout à peine de nullité des Présentes : Du contenu desquelles vous mandons & enjoignons de faire jouir l'Exposant ou ses ayans cause, pleinement & paisiblement, sans souffrir qu'il leur soit fait aucuns troubles ou empêchemens. Voulons qu'à la Copie desdites Présentes, qui sera imprimée tout au long au commencement ou à la fin dudit Livre, foi soit ajoutée comme à l'Original : Commandons au premier notre Huissier ou Sergent, de faire pour l'exécution d'icelles, tous Actes requis & nécessaires, sans demander autre permission, & nonobstant clameur de Haro, Chartre Normande & Lettres à ce contraires ; CAR tel est notre plaisir. DONNÉ à Versailles le trentiéme jour du mois de Mars, l'an de grace mil sept cens quarante un : & de notre Régne le vingt-sixiéme. Par le Roi en son Conseil. *Signé,* SAINSON.

Registré sur le Registre X. de la Chambre Royale des Libraires & Imprimeurs de Paris, No. 466. fol. 469. *conformément aux anciens Réglemens, confirmés par celui du* 28. *Février* 1723. *A Paris le premier Avril* 1741. Signé, SAUGRAIN, *Syndic.*